JN423666

한 글자 한 글자 꾹꾹 눌러 쓰는

성경필사 노트

Your word is a lamp to my feet and a light for my path.

Psalms 119:105

제 권

필사범위 :

시작한 날 :

마친 날 :

bible :

date.

bible :

date.

bible :

date.

bible :

date.

bible :

date.

bible :

date.

bible :

date.

bible :

date.

bible :

date.

bible :

date.

bible :

date.

bible :

date.

bible :

date.

bible :

date.

bible :

date.

bible :

date.

bible :

date.

bible :

date.

bible :

date.

bible :

date.

bible :

date.

bible :

date.

bible :

date.

bible :

date.

bible :

date.

bible :

date.

bible :

date.

bible :

date.

bible :

date.

bible :

date.

bible :

date.

bible :

date.

bible :

date.

bible :

date.

bible :

date.

bible :

date.

bible :

date.

bible :

date.

bible :

date.

bible :

date.

bible :

date.

bible :

date.

bible :

date.

bible :

date.

bible :

date.

bible :

date.

bible :

date.

bible :

date. ____________________

bible :

date.

bible :

date.

bible :

date.

bible :

date.

bible :

date.

bible :

date.

bible :

date.

bible :

date.

bible :

date.

bible :

date.

bible :

date.

bible :

date.

bible :

date.

bible :

date.

bible :

date.

bible :

date.

bible :

date.

bible :

date.

bible :

date.

bible :

date.

bible :

date.

bible :

date.

bible :

date.

bible :

date.

bible :

date.

bible :

date.

bible :

date.

bible :

date.

bible :

date.

bible :

date.

bible :

date.

bible :

date.

bible :

date.

bible :

date.

bible :

date.

bible :

date.

bible :

date.

bible :

date.

bible :

date.

bible :

date.

bible :

date.

bible :

date. ______________________

bible :

date.

bible :

date.

bible :

date.

bible :

date.

bible :

date.

bible :

date.

bible :

date.

bible :

date.

bible :

date.

bible :

date.

bible :

date.

bible :

date.

bible :

date.

bible :

date.

bible :

date.

bible :

date.

bible :

date.

bible :

date.

bible :

date. ______________

bible :

date.

bible :

date.

bible :

date.

bible :

date.

bible :

date.

bible :

date.

bible :

date.

bible :

date.

bible :

date. ______________

bible :

date.

bible :

date.

bible :

date.

bible :

date.

bible :

date.

bible :

date. ____________________

bible :

date.

bible :

date.

bible :

date.

bible :

date.

bible :

date.

bible :

date.

bible :

date.

bible :

date.

bible :

date.

bible :

date.

bible :

date.

bible :

date.

bible :

date.

bible :

date.

bible :

date.

bible :

date.

bible :

date.

bible :

date.

bible :

date.

bible :

date.

bible :

date.

bible :

date.

bible :

date.

bible :

date.

bible :

date.

bible :

date.

bible :

date.

bible :

date.

bible :

date.

bible :

date.

bible :

date.

bible :

date.

bible :

date.

bible :

date.

bible :

date.

bible :

date.

bible :

date.

bible :

date.

bible :

date.

bible :

date.

bible :

date.

bible :

date.

bible :

date.

bible :

date.

bible :

date.

bible :

date.

bible :

date.

bible :

date.

bible :

date.

bible :

date.

bible :

date.

bible :

date.

bible :

date.

bible :

date.

bible :

date.

bible :

date.

bible :

date.

bible :

date.

bible :

date.

bible :

date.

bible :

date.

bible :

date.

bible :

date.

bible :

date.

bible :

date.

bible :

date.

bible :

date.

bible :

date.

bible :

date.

bible :

date.

bible :

date.

bible :

date.

bible :

date.

bible :

date.

bible :

date.

bible :

date.

bible :

date.

bible :

date.

bible :

date.

bible :

date.

bible :

date.

bible :

date.

bible :

date.

bible :

date.

bible :

date.

bible :

date.

bible :

date.

bible :

date.

bible :

date.

bible :

date.

bible :

date.

bible :

date.

bible :

date.

bible :

date.

bible :

date.

bible :

date.

bible :

date.

bible :

date.

bible :

date.

bible :

date.

bible :

date.

bible :

date.

bible :

date.

bible :

date.

bible :

date.

bible :

date.

bible :

date.

bible :

date.

bible :

date.

bible :

date.

bible :

date.

bible :

date.

bible :

date.

bible :

date.

bible :

date.

bible :

date. ______________

bible :

date.

bible :

date.

bible :

date.

bible :

date.

bible :

date.

bible :

date.

bible :

date.

bible :

date.

bible :

date.

bible :

date.

bible :

date.

bible :

date.

bible :

date.

bible :

date.

bible :

date.

bible :

date.

bible :

date.

bible :

date.

bible :

date.

bible :

date.

bible :

date.

bible :

date.

bible :

date.

bible :

date.

bible :

date.

bible :

date.

bible :

date.

bible :

date.

bible :

date.

bible :

date.

bible :

date.

bible :

date.

bible :

date.

bible :

date.

bible :

date.

bible :

date.

bible :

date.

bible :

date.

bible :

date.

bible :

date.

bible :

date.

bible :

date.

bible :

date.

bible :

date.

bible :

date.

bible :

date.

bible :

date.

bible :

date.

bible :

date.

bible :

date.

bible :

date.

bible :

date.

bible :

date.

bible :

date.

bible :

date.

bible :

date.

bible :

date.

bible :

date.

bible :

date.

bible :

date.

bible :

date.

bible :

date.

bible :

date.

bible :

date.

bible :

date.

bible :

date.

bible :

date.

bible :

date.

bible :

date.

bible :

date.

bible :

date.

bible :

date.

bible :

date.

bible :

date.

bible :

date.

bible :

date.

bible :

date.

bible :

date.

bible :

date.

bible :

date.

bible :

date.

bible :

date.

bible :

date.

bible :

date.

bible :

date.

bible :

date.

bible :

date.

bible :

date.

bible :

date.

bible :

date.

bible :

date.

bible :

date.

bible :

date.

bible :

date.

bible :

date.

bible :

date.

bible :

date.

bible :

date. ______________

bible :

date.

bible :

date.

bible :

date.

bible :

date.

bible :

date.

bible :

date.

bible :

date.

bible :

date.

bible :

date.

bible :

date.

bible :

date.

bible :

date.

bible :

date.

bible :

date.

bible :

date.

bible :

date.

bible :

date.

bible :

date.

bible :

date.

bible :

date.

bible :

date.

bible :

date.

bible :

date.

bible :

date.

bible :

date.

bible :

date.

bible :

date.

bible :

date.

여호와의 교훈을 지키고 온 마음을 다해 여호와를 찾는
사람들은 복이 있습니다. 그들은 죄를 저지르는 일이 없
고 여호와의 길로 행합니다. 주께서는 주의 교훈을 부
지런히 지키라고 명령하셨습니다. 주의 율례들을 지키
도록 나의 길들을 인도하소서!
_시편 119:2-5, 우리말성경